PETITE
GÉOGRAPHIE DE L'AVENIR

SUIVIE D'UN

MOT AU ROI DE PRUSSE

Par l'abbé H. BEAUJARD

Pax hominibus bonæ voluntatis.
Paix aux hommes de bonne volonté.

PARIS

CHARLES DOUNIOL ET Cⁱᵉ, LIBRAIRES-ÉDITEURS

29, RUE DE TOURNON, 29

1874

PETITE
GÉOGRAPHIE DE L'AVENIR

SUIVIE D'UN

MOT AU ROI DE PRUSSE

Par l'abbé H. BEAUJARD

Pax hominibus bonæ voluntatis.
Paix aux hommes de bonne volonté.

CD

PARIS

CHARLES DOUNIOL ET Cᵉ, LIBRAIRES-ÉDITEURS

29, RUE DE TOURNON, 29

—

1874

AU LECTEUR

Faciliter à tous, surtout à l'enfance et à la jeunesse, l'étude de la géographie ; établir et assurer le règne de la paix universelle ; procurer à chaque Etat son autonomie, lui garantir son indépendance personnelle ; simplifier la science politique, la réduire à une question de topographie et d'histoire, mettre fin à ses éternelles oscillations, et établir la solidarité universelle des peuples, tels sont, avec beaucoup d'autres, les avantages que promet la *Petite Géographie de l'avenir*.

Pour réaliser le programme qu'elle propose, deux principes suffisent : celui des limites naturelles et celui des nationalités ; tous deux entendus dans le sens moral et relatif.

Mais deux conditions sont nécessaires : la subordination de l'intérêt national à l'intérêt général, et l'harmonie de la politique générale avec les intérêts religieux.

Avec ces conditions et ces principes, la confédération catholique, qui est la consécration de l'équilibre universel, réalise le règne de la paix promise aux nations comme aux hommes de bonne volonté ; elle est l'expression de cette formule libérale :

L'État libre dans l'Église libre.

Cette *Petite Géographie* est un extrait d'un essai général sur l'ordre intellectuel, religieux et social de l'humanité.

Cet extrait fait corps à lui seul, voilà pourquoi nous le publions à part.

La religion fait ici une nouvelle entrée dans la politique, pour unifier le monde, mettre fin à la loi de la force et préparer le règne de la paix universelle.

L'esprit qui a dicté cette *Petite Géographie* est un esprit de paix, de conciliation et d'ordre.

De nos jours on veut débarrasser le prêtre des intérêts du temps pour qu'il puisse librement vaquer à la prière et au service de Dieu.

Partageant cette sollicitude fraternelle, nous voulons débarrasser les hommes des préoccupations politiques, pour qu'ils puissent plus facilement vaquer à leurs intérêts temporels et à leurs devoirs spirituels.

La religion, mère de la poésie, est sœur de la géographie et de l'histoire, c'est-à-dire de la politique.

Il n'y a pas moins de cruauté et de désordre à diviser des sœurs qu'à faire rompre une fille avec sa mère.

Rétablir l'harmonie entre la société et l'Église, remettre l'ordre entre le ciel et la terre, rattacher à la religion toutes les branches de la science qui s'y rapportent, tel est le but que nous poursuivons. L'un des moyens qui nous paraît le plus efficace pour l'atteindre, c'est de rendre à la religion une vie publique, c'est d'en faire la base de l'état politique et la clef de voûte de l'édifice social.

LEÇON PREMIÈRE.

Qu'est-ce que la géographie?

Prise dans le sens général, la géographie est la mesure, la description de la terre. Pour nous, c'est la science qui fait connaître les limites et la division des peuples répandus sur le globe terrestre.

De quoi se compose la surface du globe terrestre?

De terre et d'eau.

Dans quel but a-t-il été créé?

Il a été créé et ordonné par la Providence pour nourrir l'homme et exercer son activité.

La terre peut-elle contenir un nombre indéfini d'habitants?

Non, ce nombre doit être limité; et il est abandonné par Dieu à la sagesse de l'homme.

Tous les hommes sont-ils frères?

Oui, mais ils se divisent en plusieurs familles qui s'appellent peuples.

Qu'est-ce qui distingue un peuple d'un autre peuple?

Ses souvenirs nationaux ou patriotiques et ses limites naturelles.

Que faut-il entendre par souvenirs nationaux?

Outre la fraternité de luttes, de travaux, sur une terre que l'on défriche, sur un sol que l'on féconde et arrose de ses sueurs et de son sang, dans un lieu que l'on embellit de communs efforts, et que l'on défend contre d'injustes envahisseurs, il faut comprendre dans les souvenirs nationaux la fraternité des productions qui développent et épurent l'activité humaine, dans le domaine des lettres, des sciences et des arts.

Pour nous, les questions de race, de sang, sont subordonnées à des questions d'un ordre moral plus relevé, plus local, moins universel. Si les Slaves sont une race, une famille, la Pologne contient un peuple digne d'avoir pour frères et de serrer sur son sein les Hongrois, les Valaques, les Moldaves.

Que faut-il entendre par limites naturelles?

Celles qui sont tirées de la disposition physique du globe; telles sont : la mer, les rivières, les montagnes.

Ces limites sont-elles des obstacles que chaque peuple doit grandir par l'art et l'industrie, pour défendre ses frontières contre les peuples voisins?

Non, tous les hommes étant frères, et tous les peuples étant membres de la grande famille humaine, les limites ou obstacles naturels doivent devenir, par le concours des peuples voisins, des voies de communication pour tous les peuples de la terre.

Par exemple, le Rhin, les Alpes et les Pyrénées ne se couvriront plus de forteresses et de soldats, mais de ponts, de routes et de travailleurs.

Les épées, comme l'a prédit Isaïe, seront converties en socs de charrue, les vallées se combleront et les montagnes s'aplaniront, comme l'a chanté le prophète.

Qu'est-ce donc qui protégera les frontières de chaque peuple? La volonté de tous, qui reposera sur l'intérêt général, auquel l'intérêt national doit être subordonné.

Qu'est-ce qui inspirera à chaque peuple de subordonner l'intérêt national à l'intérêt général?

D'abord, le bon sens lui insinuera que son intérêt personnel le demande, de même qu'il est de l'intérêt de la main de travailler pour nourrir le corps.

Et depuis quand faudrait-il supposer les peuples dépourvus du bon sens?

Ensuite, l'honneur et l'esprit chevaleresque dont nul peuple n'osera faire le sacrifice public.

Enfin, les principes religieux qui disent à l'homme que cette terre n'est qu'un passage, une route, où les peuples doivent vayager en frères, car au terme du voyage se trouve le Juge suprême des peuples et des individus.

La paix des peuples, par conséquent la géographie et la politique qui doivent fixer et maintenir leurs limites reposent donc sur la religion?

Oui, voilà pourquoi la géographie générale ou politique extérieure des peuples n'aura sa solution suprême et définitive que quand elle sauvegardera les intérêts religieux catholiques. L'Eglise seule peut faire la paix du monde.

Quels sont les intérêts catholiques, et les droits de l'Eglise?

Ils consistent surtout, à l'égard des différents peuples, dans la liberté du souverain Pontife.

Qui doit reconnaître et maintenir cette liberté?

La volonté des peuples et de leurs chefs.

Quels sont les moyens d'assurer cette liberté?

L'indépendance politique : celui qui est supérieur aux rois et aux conducteurs des peuples ne doit être le sujet d'aucun. Celui qui règle les intérêts de tous les peuples doit lui-même avoir son peuple.

Enfin, celui qui apporte aux hommes les décrets du ciel doit avoir un trône indépendant d'où il puisse les publier à toute la terre.

Où peut et doit résider le Père commun des fidèles?

Dans les deux villes qui ont vu mourir, l'une, le sauveur des hommes, l'autre, les deux premiers fondateurs de l'Eglise.

Mais ces deux villes appartiennent, l'une, à l'Italie, l'autre, à la Syrie?

Nous avons dit que la paix universelle, qui prescrit la subordination de l'intérêt national à l'intérêt général demande aussi l'harmonie de la politique générale avec les intérêts catholiques.

C'est demander à deux peuples un sacrifice qu'ils portent seuls?

Ce sacrifice est une gloire; il est même un avantage si l'on ne considère que les intérêts temporels.

En outre, ou verra dans le programme que chaque peuple a des sacrifices particuliers à faire dans l'intérêt commun.

Le passé de Rome et de Jérusalem favorise-t-il la séparation et l'isolement de ces deux villes?

Oui, car elles n'ont jamais fait corps avec les nations environnantes. Elles ont presque toujours été, l'une, leur maîtresse, l'autre, leur esclave, jamais leurs sœurs.

Il faudrait que le monde fût catholique pour accepter cette solution?

Qu'elle soit d'abord acceptée par les catholiques! Que tous les peuples qui adorent le Christ fassent reposer la politique sur les principes de la foi et ce sera un moyen pour les peuples incrédules d'être convertis à une religion qui leur assure une paix durable, universelle, sans nuire à leur autonomie et à leur indépendance!

Comment diviser les peuples pour établir l'équilibre universel et assurer le maintien de la paix générale?

C'est ce que nous allons dire, en exposant le programme de la géographie de l'avenir.

LEÇON II.

Division générale de la terre.

En combien de parties divise-t-on la terre?

En cinq parties, appelées les cinq parties du monde; savoir : l'Europe, l'Asie, l'Afrique, l'Amérique et l'Océanie.

Combien ces cinq parties font-elles de continents?

Trois : l'ancien, qui comprend l'Europe, l'Asie, l'Afrique; deux nouveaux, qui sont les deux Amériques et l'Océanie.

Quelles sont les bornes de l'Europe?

L'Europe est située à l'Occident de l'Asie, à laquelle elle confine par la chaîne de l'Oural et du Caucase. Elle est baignée au nord par la mer Glaciale; à l'Occident par l'Océan et au midi par la Méditerranée, qui la sépare de l'Afrique.

Quelles sont les bornes de l'Asie?

Elle est située à l'Orient de l'Europe; confine à l'Afrique par l'isthme de Suez; elle est baignée par la mer Rouge, la mer des Indes et l'Océan.

C'est le plus grand continent, le plus peuplé, il fut le premier habité.

Quelles sont les bornes de l'Afrique?

Elle est baignée partout par la mer, excepté dans un espace d'environ cinquante lieues, l'isthme de Suez, qui joint l'Afrique à l'Asie et sépare la mer Rouge de la Méditerranée. Le canal percé récemment dans l'isthme de Suez fait de l'Afrique une grande île.

L'Amérique forme le second continent baigné par le grand Océan. Elle comprend l'Amérique du Nord et l'Amérique du Sud reliées par l'isthme de Panama.

L'Océanie comprend les îles du grand Océan, situées entre l'Asie et l'Amérique.

Elle forme un immense triangle qui aurait son sommet au détroit de Béringh; un côté irait de ce sommet au cap de Bonne-Espérance, l'autre, à la pointe de l'Amérique du Sud; le troisième côté ou base serait une ligne tirée du sud du cap de Bonne-Espérance à la pointe sud de l'Amérique.

Nota. — Les îles, rivières, volcans, lacs de l'Europe, de l'Asie, de l'Afrique et de l'Amérique auront leur place quand nous parlerons des contrées qui les renferment.

En combien de pays ou contrées divise-t-on le monde?

En trente-sept contrées :

Dont,   Dix en Europe.

            Dix en Asie.

            Sept en Afrique.

            Sept en Amérique.

            Trois en Océanie.

Il faut y joindre les deux villes saintes ou villes libres de la chrétienté, Rome et Jérusalem.

Quelle méthode allons-nous suivre dans la description des contrées du monde?

En prenant les continents dans l'ordre qu'ils viennent d'être indiqués, nous examinerons successivement :

Les contrées qu'ils renferment, en commençant par celles du nord, puis de l'est, du sud, de l'ouest et du centre.

Et dans chaque contrée quelle sera la série des questions posées?

      1° Limites?

      2° Pays compris dans ces limites?

      3° Villes?

4° Rivières?
5° Montagnes et volcans?
6° Lacs et golfes?
7° Iles?
8° Voisins?

LEÇON III.

Europe.

En combien de parties divise-t-on l'Europe?
En dix parties ou contrées.
Où sont placées ces contrées?

> Deux au nord.
> Deux à l'est.
> Deux au sud.
> Deux à l'ouest.
> Deux au centre.

Quelles sont ces contrées?

Les deux au nord sont :

La Grande-Bretagne ou Angleterre, capitale Londres.
La Scandinavie ou Russie nord, capitale Saint-Pétersbourg.

Les deux à l'est sont :

> La Russie sud, capitale Moscou.
> La Pologne, capitale Varsovie.

Les deux au sud sont :

> L'Italie, capitale Venise.
> La Grèce, capitale Athènes.

Les deux à l'ouest sont :

>La France, capitale Paris.
>
>L'Espagne, capitale Madrid.

Les deux au centre sont :

>La Prusse ou Allemagne, capitale Berlin.
>
>L'Autriche, capitale Vienne.

Nota. La Turquie est une contrée d'Asie, car elle a sur ce continent la plus grande partie de son territoire et son berceau.

LEÇON IV.

Divisions et Limites des contrées de l'Europe.

CONTRÉES DU NORD.

I. — Grande-Bretagne ou Angleterre.

II. — Scandinavie ou Russie nord.

I. — GRANDE-BRETAGNE, *capitale* LONDRES.

Limites ? — L'Océan.
>La Manche.
>
>La mer du Nord.

Pays compris ? — L'Irlande, île située à l'ouest de la Bretagne, dont elle est séparée par la mer d'Irlande.
>L'Ecosse, au nord de la Bretagne.
>
>L'Angleterre, au sud de l'Ecosse.

Villes ? — Dublin, en Irlande.
>Edimbourg, en Ecosse.
>
>Glascow,   id.

Rivières ? — Tamise, en Angleterre.

Saverne, en Ecosse.

Clyde,   idem.

Montagnes? — L'Ecosse et le pays de Galles sont très-montagneux.

Volcan? — L'Hécla, en Islande.

Lacs? — Ils sont nombreux en Ecosse.

Iles? — Islande.

Wight.

Sorlingues.

Hébrides.

Orcades.

Shetland.

II. — SCANDINAVIE OU RUSSIE NORD, *capitale* SAINT-PÉTERSBOURG.

Limites? — A l'ouest, mer du Nord.

Au nord, l'Océan.

A l'est, l'Oural.

Au sud, la Baltique, et le plateau qui verse ses eaux vers le nord depuis l'Oural jusqu'à la Dwina.

Pays compris ? — Danemark.

Norvége.

Suède.

La partie de la Russie qui s'étend d'occident en orient entre la Baltique et l'Oural; du nord au sud, le cours des fleuves qui coulent vers le nord.

Villes? — Copenhague, en Danemark.

Stokholm, en Suède.

Christiania, en Norvége.

Novogorod, en Russie.

Arkangel, idem.

Rivières? — Beaucoup de rivières; la Dwina est la principale.

Montagnes? — La Norvége est très-montagneuse.

Lacs et golfes? — Beaucoup en Russie.

Les principaux sont les lacs Onéga, Ladoga.

Les golfes de Bothnie, de Finlande.

Iles? — Toutes celles de la Baltique;

Des golfes de Finlande, de Bothnie.

Et sur les côtes de Norvége et de Russie nord.

Voisins? — Au sud, l'Allemagne.

La Russie, sud.

A l'ouest, la Pologne (Dwina).

— — —

CONTRÉES DE L'EST

I. — Russie sud.

II. — Pologne.

I. — RUSSIE SUD, *capitale* Moscou.

Limites? — Au sud, la mer Noire, le Caucase, la mer Caspienne.

A l'est, la chaîne de l'Oural.

Au nord, le plateau qui verse ses eaux vers le sud.

A l'ouest, le Dniéper.

Pays compris? — Gouvernements actuels, y compris le Caucase et la Crimée.

Villes? — Casan.

Sébastopol.

Smolensk.

Astrakan.

Rivières? — Don.

Volga.

Oural.

Montagnes? — Caucase.

Chaîne de l'Oural.

Lacs? — Mer d'Azof.

Iles? — Dans les fleuves, et à l'ouest dans la mer Caspienne.

Voisins? — Ouest, Pologne.

Nord, Scandinavie.

Est, Sibérie.

Perse.

Sud, Syrie.

II. — POLOGNE, *capitale* VARSOVIE.

Limites? — Nord, mer Baltique, de l'embouchure de la Dwina à l'embouchure de la Vistule.

Ouest, une ligne, à peu près droite, allant de l'embouchure de la Vistule à l'embouchure de la Theiss.

Sud, le cours du Danube, de l'embouchure de la Theiss à la mer.

Est, mer Caspienne.

Dniéper.

Dwina.

Pays compris? — Pologne.

Galicie.

Hongrie orientale.
Transylvanie.
Valachie.
Moldavie.
Lithuanie.

Villes? — Cracovie.
Kiew.
Vilna.
Grodno.
Léopold.
Bukharest.
Gnesen.

Rivières? — Vistule.
Dniester.

Montagnes? — Les Carpathes.

Voisins? — Ouest, Allemagne, Autriche.
Sud, Turquie.
Est, Russie sud, Scandinavie.

CONTRÉES DU SUD.

I. — La Grèce.

II. — L'Italie.

I. — LA GRÈCE, *capitale* ATHÈNES.

Limites? — En Europe :
Au nord, le Vardar.
A l'ouest, le plateau qui verse ses eaux vers l'Archipel, depuis le Vardar jusqu'à Lépante.

Au sud et à l'est, la mer.

En Asie :

Rivages qui regardent la Grèce jusqu'au plateau où
prennent leur source les fleuves qui coulent vers
l'Archipel.

Pays compris ? — En Europe :
L'Achaïe.
L'Attique.
La Thessalie.

En Asie :
Tous les rivages qui font face à l'Archipel, depuis la
Troade jusqu'à la Cilicie exclusivement.

Villes ? — Corinthe, en Achaïe.
Salonique, en Thessalie.
Smyrne, en Asie.
Rhodes, dans l'île de ce nom.

Rivières ?—Plusieurs petites rivières célébrées par les poëtes.

Montagnes ?   idem   idem

Golfe ? — Celui de Lépante.

Iles ? — Candie.
Rhodes.
Et toutes les îles de l'Archipel.

Voisins ? — Ouest, Italie.
Nord et est, Turquie.

II. — ITALIE, *capitale* VENISE.

Limites ? — Sud, Méditerranée.
Ouest et nord, Alpes.

2

Est, le plateau qui verse ses eaux dans l'Adriatique,
depuis les Alpes jusqu'au golfe de Lépante.

Pays compris? — Italie.
    Sicile.
    Sardaigne.
    Milanais.
    Vénétie.
    Illyrie.
    Croatie.
    Dalmatie.
    Albanie.

Villes? — Turin.
    Milan.
    Florence.
    Naples.
    Raguse.

Rivières? — Pô.
    Adige.
    Arno.
    Tibre.

Montagnes? — Apennins, au centre.
    Alpes, au nord.

Volcans? — Etna, en Sicile.
    Vésuve, près de Naples.

Lacs? — Majeure.
    De Côme.
    De Garde.
    Pérouse.

Golfes ? — De Venise.
    De Gênes.
    De Tarente.

Îles ? — Sicile.
    Corse.
    Sardaigne.
    Toutes les îles de l'Adriatique.

Voisins ? — Ouest, France.
    Nord, Autriche.
    Est, Turquie.
    Grèce.

CONTRÉES DE L'OUEST.

I. — La France.

II. — L'Espagne.

I. — LA FRANCE, *capitale* PARIS.

Limites ? — Au nord et à l'ouest, la mer.
    Au sud, Pyrénées et mer Méditerranée.
    A l'est, Alpes, Rhin.

Pays compris ? — France.
    Belgique.
    Hollande française.
    Prusse cis-Rhénane.
    Suisse française.

Villes ? — Bruxelles.
    Lyon.

Bordeaux.

Marseille.

Rouen.

Lille.

Genève.

Rivières? — Moselle.

Meuse.

Seine.

Loire.

Garonne.

Rhône.

Montagnes? — Alpes, est.

Pyrénées, sud.

Cévennes, centre.

Lacs? — De Genève.

Golfes? — Du Lion.

De Gascogne.

Iles? — Gersey.

Guernesey.

Et sur les côtes.

Voisins? — Sud, Espagne.

Est, Italie

Autriche.

Allemagne.

II. — ESPAGNE, *capitale* MADRID.

Limites? — La mer.

Les Pyrénées, au nord.

L'Espagne est une presqu'île.

Pays compris ? — Espagne.
    Portugal.

Villes ? — Lisbonne, en Portugal.
    Burgos.
    Saragosse.
    Cordoue.
    Cadix.
    Gibraltar.
    Carthagène.
    Séville.

Rivières ? — L'Èbre.
    Le Douero.
    Le Tage.
    Le Guadiana.
    Le Guadalquivir.

Montagnes ? — Pyrénées.
    Asturies.

Iles ? — Majorque.
    Iviça.
    Minorque.

Voisins ? — La France, au nord.

CONTRÉES DU CENTRE.

I. — L'Allemagne.

II. — L'Autriche.

I. — L'Allemagne, *capitale* Berlin.

Limites ? — Au nord, la mer.

Le Danemark.

A l'ouest, le Rhin.

A l'est, la Pologne.

Au sud, les Carpathes.

Le Mein.

C'est-à-dire, moins la Bohême, le cours des fleuves qui se jettent dans les mers du nord, depuis le Rhin jusqu'à l'embouchure de la Vistule.

Pays compris ? — La Prusse.

Le Hanovre.

Le Schleswig.

Le Holstein.

La Hollande Trans-Rhénane.

L'Oldenbourg.

La Hesse.

La Saxe.

La Silésie.

La Poméranie.

Le Meklembourg.

Villes ? — Dresdes.

Hambourg.

Amsterdam.

Hanovre.

Madgdebourg.

Rivières? — Le Weser.

L'Elbe.

L'Oder.

Montagnes? — Les Carpathes, au sud.

Voisins? — Ouest, France.

Nord, Scandinavie.

Est, Pologne.

Sud, Autriche.

II. — L'AUTRICHE, *capitale* VIENNE.

Limites? — Nord, les Carpathes et le Mein.

Ouest, le Rhin et les Alpes.

Sud, le plateau qui verse ses eaux dans la vallée du Danube.

Est, la Theiss et la Morava.

Pays compris? — L'Autriche.

La Moravie.

La Bohême.

La Bavière.

Le duché de Bade.

La Suisse allemande.

Le Tyrol.

La Styrie.

L'Esclavonie.

La Bosnie.

La Servie.

La Hongrie occidentale.

Villes? — Bade.
Prague.
Munich.
Berne.

Rivières? — Le Danube.

Montagnes? — Les Carpathes, au nord.
Les Alpes, à l'ouest.

Lacs? — Lucerne, Zurich, Constance.

Voisins? — Ouest, France.
Nord, Allemagne.
Est, Pologne, Turquie.
Sud, Italie.

LEÇON V.

Asie.

En combien de contrées divise-t-on l'Asie ?
En dix contrées.

Où sont placées ces contrées ?
Deux au nord.
Deux à l'est.
Deux au sud.
Deux à l'ouest.
Deux au centre.

Quelles sont ces contrées ?
Les deux au nord sont :

La Sibérie, capitale Irkoutsk.
La Tartarie, capitale Ourga.

Les deux à l'est sont :
La Chine nord, capitale Pékin.
La Chine sud, capitale Nankin.

Les deux au sud sont :
L'Indo-Chine, capitale Hué.
L'Indoustan, capitale Calcutta.

Les deux à l'ouest sont :
La Syrie, capitale Bagdad.
La Turquie d'Asie, capitale Constantinople.

Les deux au centre sont :
La Perse, capitale Ispahan.
Le Thibet, capitale Lassa.

LEÇON VI.

Divisions et Limites des contrées d'Asie.

CONTRÉES DU NORD.

I. — Sibérie.

II. — Tartarie.

I. — SIBÉRIE, *capitale* IRKOUSTSK.

Limites ? — Au nord, l'océan Glacial.
A l'est, l'océan Pacifique.
Au sud, le fleuve Amour et la chaîne de l'Altaï.
A l'ouest, les monts Ourals.

Pays compris? — Tous les peuples compris dans les gouvernements Russes actuels, plus l'île de Tarakaï.

Villes? — Irkoutsk.
Tobolsk.
Tomsk.

Rivières? — L'Obi.
L'Irtysche.
L'Angara.
L'Aldan.

Montagnes? — L'Altaï.

Iles? — Liakhof, et autres sur les côtes.

Lacs? — Baïkal.
Balkhach.
Dzaïsanz.

Voisins? — Ouest, Russie nord et sud.
Sud, Perse, Tartarie.

II. — Tartarie, *capitale* Ourga.

Limites? — Au nord, la Sibérie.
A l'est, la mer.
Au sud et à l'ouest, la grande muraille prolongée jusqu'aux sources de l'Irtysche.

Pays compris? — La Mandchourie.
La Corée.
La Mongolie.

Villes? — Han.
Yang.
Moukden.

Rivières? — Au nord, le fleuve Amour, la Soumgar.

Montagnes? — L'Altaï, au nord.

Voisins? — Nord, Sibérie.

Sud, Thibet, Chine nord.

Iles? — Archipel Potocki.

CONTRÉES DE L'EST.

I. — **Chine-Nord**.

II. — **Chine-Sud**.

I. — CHINE-NORD, *capitale* PEKIN.

Limites? — Au nord, la Tartarie.

A l'est, la mer.

Au sud, le fleuve Bleu.

A l'ouest, le Thibet, ou plateau qui verse ses eaux vers l'orient.

Pays compris? — Les sept provinces qui sont au nord du fleuve Bleu, qui sont :

Chensi, capitale Singan ; Chansi, c. Tayven ; Pékéli, c. Pékin ; Chanton, c. Tsinan ; Suchuen, c. Chinton ; Houan, c. Caïfon ; Naukin, moins sa capitale.

Villes? — Voir plus haut les capitales des provinces.

Rivières ? — Le fleuve Jaune.

Montagnes? — Monts Pé-hing.

Iles? — Petites îles sur la côte.

Voisins? — Nord, Tartarie.
Ouest, Thibet.
Sud, Chine sud.

II. — CHINE-SUD, *capitale* NANKIN.

Limites? — Au nord, le fleuve Bleu.
A l'est, la mer.
Au sud, la rivière Sang-Haï.
A l'ouest, le plateau qui verse ses eaux vers l'orient.

Pays compris? — Les huit provinces au sud du fleuve Bleu :
Yuman, capitale Yuman; Gulichéon, c. Queynan;
Honquan, c. Vuehan; Kiansi, c. Nanchan; Chenian,
c. Hanchéon; Fokien, c. Fochéon; Quansi, c. Quelin;
Canton, c. Canton et Nankin, moins sa province.

Rivières? — Fleuve bleu.

Montagnes? — A l'ouest, hauts sommets.

Iles? — Formose.
Haïnan.

Voisins? — Nord, Chine-nord.
Ouest et sud, Indo-Chine.

CONTRÉES DU SUD.

I. — Indo-Chine.

II. — Indoustan.

I. — Indo-Chine, *captiale* Hué.

Limites ? — Au nord, la rivière Sang-Haï et les monts
Himalaya.
A l'ouest, le Brahmapoutra.
A l'est et au sud, la mer.

Pays compris ? — Le Tong-King.
La Cochinchine.
Le Camboge.
Siam.
Malacca.
Péjon.
Le Boutan.
Birmanie.
Assan.

Villes ? — Hué.
Bang.
Kok.
Malacca.
Amarapoura.
Saïgon.

Rivières ? — Mé-Nana.
May-Kang.
Le Bramapoutra.
L'Iraouaddy.

Montagnes? — L'Himalaya, au nord.

Iles? — Archipel Merghi.

Iles Andaman, Nicoba.

Autres îles sur la côte.

Voisins? — Nord, Chine-sud.

Est, Indoustan.

II. — INDOUSTAN, *capitale* CALCUTTA.

Limites? — Au nord, l'Himalaya.

À l'ouest, l'Indus et la mer.

Au sud, la mer.

À l'est, la mer et l'Indo-Chine ou Brahmapoutra.

Pays compris? — Tous les petits royaumes et les possessions étrangères que renferment les limites
indiquées.

Villes? — Calcutta.

Delh .

Agra.

Madras.

Pondichéry.

Surate.

Rivières? — Le Gange, à l'est.

L'Indus, à l'ouest.

Montagnes? — L'Himalaya, au nord.

Iles? — Ceylan.

Iles Laquedives, Maldives et autres sur la côte.

Voisins? — Nord, Thibet.

Ouest, Perse.

Est, Indo-Chine.

CONTRÉES DE L'OUEST.

I. — La Syrie.

II. — La Turquie.

I. — La Syrie, *capitale* Bagdad.

Limites? — Nord, le Taurus, le Caucase.
Est, mer Caspienne, Perse, golfe Persique.
Sud, mer des Indes.
Ouest, l'Arabie occidentale qui fait corps avec l'Égypte, et la Méditerranée depuis la Judée jusqu'à la Cilicie inclusivement.

Pays compris? — L'Arabie orientale.
La Syrie.
La Géorgie.
Le cours du Tigre et de l'Euphrate.
L'Arménie.
La Cilicie.

Villes? — Bagdad.
Tauris.
Alep.
El-Fouf.
Damas.

Rivières? — Le Tigre.
L'Euphrate.
L'Araxe.

Montagnes? — Le Caucase.
Le Taurus.

Iles? — Chypre, et d'autres dans le golfe Persique et la Méditerranée.

Voisins? — Nord, Russie-sud.
Turquie d'Asie.
Ouest, Grèce asiatique.
Égypte.
Est, Perse.

II. — La Turquie, *capitale* Constantinople.

Limites? — En Europe :
Au nord, le Danube.
A l'ouest, une ligne allant de l'embouchure de la Morava à l'embouchure du Vardar.
Au sud, la mer.
En Asie :
Tout le cours des fleuves qui se jettent dans la mer Noire et dans la mer de Marmara.

Pays compris? — En Europe :
Bulgarie, Roumélie, une partie de l'ancienne Macédoine.
En Asie :
L'Anatolie.

Villes? — Andrinople.
Trébizonde.
Varna.
Vidin.
Sinope.

Rivières? — Le Danube.
Et d'autres rivières au sud de la mer Noire.

Montagnes? — En Asie, le Taurus.
En Europe, l'Hœmus.
Lac? — Le lac ou mer de Marmara.
Voisins? — Au nord, la Pologne.
A l'ouest, l'Autriche.
La Grèce.
Au sud et à l'est, la Syrie.

CONTRÉES DU CENTRE.

I. — Le Tibet.

II. — La Perse.

I. Le Tibet, *capitale* Lassa.

Limites? — Nord, Tartarie.
Est, Chine-nord et Chine-sud.
Sud, Indo-Chine et Indoustan.
Ouest, la Perse.

Pays compris? — Le Tibet.
La petite Boukarie.

Villes? — Lassa.
Tassi-Soudan.
Sourmang.

Rivières? — L'Iraouaddy.
Tarim.

Montagnes? — L'Himalaya.

Lacs? — Nombreux.

Voisins ? — Nord, Tartarie.

Est, Chine-nord et Chine-sud.

Sud, Indo-Chine, Indoustan.

Ouest, Perse.

II. — LA PERSE, *capitale* ISPAHAN.

Limites ? — Nord, une ligne droite allant de la pointe nord
de la mer Caspienne aux sources de l'Irtiche ou lac
Dzaïsang.

Est, une ligne partant du lac Dzaïsang, allant vers le
sud au confluent du Sind et de l'Indus, puis le cours
de l'Indus jusqu'à la mer.

Sud, la mer.

Ouest, une ligne allant de la pointe du golfe Persique
au sud de la mer Caspienne.

Pays compris ? — La Perse.

Le Turkestan.

L'Afghanistan.

Le Béloutchistan.

Villes ? — Ispahan.

Kaboul.

Boukhara.

Hérat.

Téhéran.

Rivières ? — L'Amour.

L'Indus.

Montagnes ? — L'Hymalaya.

Iles ? — Sur la côte du golfe Persique.

Lacs ? — Le lac Aral.

Voisins ? — Nord, Sibérie.

    Russie, Sud.

    Ouest, Syrie.

    Est, Tibet.

    Indoustan.

LEÇON VII.

L'Afrique.

En combien de parties divise-t-on l'Afrique?
En sept parties ou contrées.

Où sont placées ces contrées ?

    Une au nord.

    Deux à l'est.

    Une au sud.

    Deux à l'ouest.

    Une au centre.

Quelles sont ces contrées?

Au nord, l'Afrique proprement dite, capitale Alger.

    A l'est, l'Egypte, capitale le Caire.

    L'empire de l'est, capitale Mozambique.

    Au sud, l'empire du Cap, capitale Cap-ville.

    A l'ouest, la Guinée inférieure, capitale saint-Paul de
        Loango.

    La Guinée supérieure, capitale Médina.

    Au centre, l'empire du Soudan, capitale Kobé.

LÉÇON VIII.

Divisions et Limites des contrées de l'Afrique.

CONTRÈES DU NORD.

Afrique proprement dite, *capitale* Alger.

Limites? — Au nord, la Méditerranée.

A l'est, l'Egypte.

Au sud, le Désert.

A l'ouest, l'Océan.

Pays compris ? — Le Maroc.

L'Algérie.

Tunis.

Tripoli.

Villes ? — Tripoli.

Tunis.

Constantine.

Oran.

Fez-Maroc.

Rivières ? — Un grand nombre sur la côte.

Montagnes ? — L'Atlas.

Iles ? — Canaries.

Madère.

Et d'autres sur la côte.

Voisins ? — Sud, Guinéc-nord.

Soudan.

Est, Égypte.

CONTRÉES DE L'EST.

I. — L'Égypte.

II. — L'Empire de l'est.

I. — L'ÉGYPTE, *capitale* LE CAIRE.

Limites ? — Au nord, la Méditerranée.

A l'est, l'Arabie orientale faisant corps avec la Syrie.

Au sud, une ligne prolongée du golfe d'Aden dans le désert.

A l'ouest, le désert.

Pays compris ? — Le cours du Nil.

La Cyrénaïque.

L'Abyssinie.

La Nubie.

L'Arabie occidentale qui s'étend le long de la mer Rouge jusqu'au désert central.

Villes ? — Alexandrie.

Damiette.

La Mecque.

Gondar, Abyssinie.

Rivières ? — Le Nil.

Montagnes ? — Le Sinaï.

Lacs ? — Ceux formés dans le bassin du Nil.

Iles ? — Toutes celles de la mer Rouge jusqu'à Périm.

Voisins ? — A l'ouest, l'Afrique, le Soudan.

Au sud, l'Empire de l'Est.

A l'est, la Syrie.

II. — L'Empiré de l'est, *capitale* Mozambique.

Limites? — Au nord, l'Egypte.

A l'est, l'Océan, depuis le golfe d'Aden jusqu'à l'embouchure du Zambèze.

Au sud, le Zambèze.

A l'ouest, la ligne de partage des eaux.

Pays compris? — Le Zanguebar.

Madagascar (île).

Le Mozambique.

Souhael.

Soumalis.

Cazemba.

Villes? — Mélinde.

Tananarive.

Mozambique.

Rivières? — Un grand nombre sur la côte et à Madagascar.

Montagnes? — Au centre pays accidenté.

Lac? — Le lac Ukérive.

Iles? — Madagascar.

Bourbon.

Maurice.

Seychelles.

Voisins? — Au nord, l'Egypte.

A l'ouest, la Guinée-sud.

Au sud, le Cap.

CONTRÉE DU SUD.

L'Empire du cap, *capitale* Cap-Ville.

Limites? — Au nord, le Zambèze, et une ligne se prolongeant jusqu'au cap Negro, à l'ouest.
Ailleurs, la mer.

Pays compris? — La colonie du Cap.
La Hottentotie.
La Cafrerie.
Sofala.
Le Monomotapa.

Villes? — Sofala.
Port-Natal.

Rivières? — Orange.

Montagnes? — Au nord.

Lac? — Le lac Gami.

Iles? — Petites îles sur la côte.

Voisins? — Au nord, l'empire de l'Est.
Et la Guinée-sud.

CONTREES DE L'OUEST.

I. — Guinée-Sud.

II. — Guinée-Nord.

I. — Guinée-Sud, *capitale* Loango.

Limites? — Au nord, la Dagho.

A l'est, la ligne de partage des eaux.

Au sud, l'empire du Cap.

A l'ouest, la mer et le Niger jusqu'à la Dagho.

Pays compris? — Benguela.

Angola.

Congo.

Loango.

Adamana.

Londa.

Villes? — Loango.

San-Salvador.

Benguela.

Rivières? — Le Congo.

Montagnes? — Nombreuses au sud.

Iles? — Sainte-Hélène.

Et d'autres sur la côte.

Voisins? — Au nord, la Guinée-nord.

A l'est, le Soudan et l'empire de l'Est.

Au sud, l'empire du Cap.

II. — Guinée-Nord.

Limites ? — Au nord, le désert.

A l'est, le Niger.

Au sud et à l'ouest, la mer.

Pays compris ? — La Sénégambie,

La Guinée supérieure.

Gando.

Souzay.

Villes ? — Médina.

Saint-Louis.

Tombouktou.

Rivières ? — Le Niger.

Le Sénégal.

La Gambie.

Montagnes ? — Aux sources du Niger et du Sénégal.

Iles ? — Celles du cap Vert et d'autres sur la côte.

Voisins ? — Au nord, l'Afrique propre.

A l'est, le Soudan et la Guinée-sud.

CONTRÉES DU CENTRE.

Le Soudan, *capitale* Kobé.

Limites ? — Au nord, l'Afrique.

A l'est, l'Égypte.

Au sud, le désert et la Daglio.

A l'ouest, la Guinée-nord.

Pays compris? — Tebou.
    Borgou.
    Dar-four.
    Baguenni.
    Bornou.
    Kanem.
    Haouna.

Villes? — Dar-four.
    Bornou.

Rivière? — Shary.

Montagnes? — Nombreuses.

Lac? — Le lac Tchad.

Voisins? — Au nord, l'Afrique.
    A l'est, l'Égypte.
    Au sud, l'empire de l'Est et la Guinée-sud.
    A l'ouest, la Guinée-nord.

LEÇON IX.

Amérique.

En combien de contrées divise-t-on l'Amérique?
    En sept contrées.

Où sont placées ces contrées?
    Trois dans l'Amérique du nord.
    Une au centre.
    Trois dans l'Amérique du sud.

Quelles sont ces contrées ?

Les trois au nord sont :

La Nouvelle-Bretagne, capitale Québec.

Les États-Unis, capitale New-York.

Le Mexique, capitale Mexico.

La contrée du centre est :

L'empire du Centre, capitale Panama ou Carthagène.

Les trois au sud sont :

Le Brésil, capitale Rio-Janeiro.

L'empire du Sud, capitale Buenos-Ayres.

Le Pérou, capitale Lima.

LEÇON X.

Division et Limites des contrées d'Amérique.

CONTRÉES DU NORD.

I. — La Nouvelle-Bretagne.

II. — Les États-Unis.

III. — Le Mexique.

I. — LA NOUVELLE-BRETAGNE, *capitale* QUÉBEC.

Limites ? — Au nord, à l'est, à l'ouest, la mer.

Au sud, une ligne à peu près droite, allant de Portland au détroit de Juan de Faca.

Pays compris ? — L'Amérique russe.

La Terre arctique.

Le Groënland.

Le Canada.

La Nouvelle-Californie.

L'Ile de Terre Neuve.

Villes? — Québec.

Montréal.

Rivières? — Le Saint-Laurent, et d'autres rivières en grand nombre qui se versent dans les lacs.

Montagnes? — Monts Rocheux.

Lacs? — De très-grands et en grand nombre.

Iles? — Terre-Neuve.

Le Groënland.

D'autres îles sur la côte.

Voisins? — Les États-Unis, au sud.

II. — ETATS-UNIS, *capitale* NEW-YORK.

Limites? — Au nord, la Nouvelle-Bretagne.

A l'est et à l'ouest, la mer.

Au sud, la mer et le Mexique.

Pays compris? — Les États actuels avec leurs divisions maintenues.

Villes? — Washington.

Boston.

Et les capitales de chaque État.

Rivières? — Le Mississipi.

Lacs? — Huron.

Ontario.

Erié.

Supérieur.

Montagnes? — Monts Rocheux.

Iles? — Iles Bermudes et d'autres sur les côtes.

Voisins? — Au nord, la Nouvelle-Bretagne.
Au sud, le Mexique.

III. — MEXIQUE, *capitale* MEXICO.

Limites? — Au nord, la rivière de Rio-grande del Norte,
jusqu'à Paso del Norte, puis une ligne droite allant
de cette ville au Grand-Océan, en passant à la pointe
de la mer Vermeille.
A l'est et à l'ouest, la mer.
Au sud, une ligne droite allant du fond du golfe de
Honduras à l'Océan.

Pays compris? — La Californie.
Le Mexique avec ses limites actuelles.

Villes? — Mexico.
Vera-Cruz.

Rivières? Petites rivières sur les côtes.

Montagnes? — Le centre est très-montagneux.

Iles? — Petites îles sur les côtes.

Voisins? — Au nord, les États-Uuis.
Au sud, l'empire du Centre.

EMPIRE DU CÈNTRE, *capitale* CARTHAGÈNE.

Limites? — Au nord, le Mexique.
A l'est et à l'ouest, la mer.
Au sud, le fleuve des Amazones.

Pays compris? — Toutes les îles qui sont dans la mer des
Antilles.

Guatemala.

Panama.

La Nouvelle-Grenade.

Vénézuela.

Les trois Guyanes.

L'Equateur.

Et une pointe du Brésil.

Villes? — Panama.

Port-au-Prince.

Caracas.

Santa-Fé de Bogota.

Rivières? — L'Orénoque.

Montagnes? — Une branche des Cordillières.

Iles? — Cuba.

Haïti.

La Jamaïque.

Et toutes celles qui sont au sud des Etats-Unis dans
la mer des Antilles.

Voisins? — Au nord, le Mexique.

Au sud, le Brésil.

Et le Pérou.

CONTREES DU SUD.

I. — Le Brésil.

II. — Le Pérou.

III. — L'Empire du sud.

I. — Le Brésil, *capitale* Rio-Janeiro.

Limites? — Au nord, le fleuve des Amazones jusqu'à l'em-
bouchure de la Madeira.
A l'ouest, la Madeira et Rio de la Plata.
A l'est, la mer.
Au sud l'embouchure de Rio de la Plata.

Pays compris? — Ses possessions actuelles.
Il perd ce qui est au nord du fleuve des Amazones,
ce qui est à l'Ouest de la Madeira.
Il obtient le Paraguay, l'Uruguay, et une partie de la
Plata.

Villes? — San-Salvador.
Saint-Vincent.
Fernambouc.

Rivières? — Au nord, le fleuve des Amazones.
Au sud, la Plata.

Montagnes? — Plusieurs au sud.

Iles? — Plusieurs sur les côtes.

Voisins? — Au nord, l'empire du Centre.
A l'ouest, le Pérou et la Plata.

II. — Le Pérou, *capitale* Lima.

Limites? — Au nord, le fleuve des Amazones jusqu'à l'embouchure de la Madeira.

Au sud, une ligne droite allant de la source de la Madeira à la mer.

Pays compris? — Ses possessions actuelles.

Il acquiert une grande partie de la Bolivie.

Villes? — Quito.

Potosi.

Rivières? — Plusieurs branches de la Plata et du fleuve des Amazones.

Montagnes? — Les Cordillères.

Iles? — Petites îles sur la côte.

Voisins? — Au nord, l'empire du Centre.

A l'est, le Brésil.

Au sud, La Plata.

Empire du sud, *capitale* Buénos-Ayres.

Limites? — Au nord, le Pérou.

A l'est, la rivière de la Plata et la mer.

A l'ouest et au sud, la mer.

Pays compris? — La Patagonie.

La Plata.

Le Chili.

Une partie de la Bolivie.

Villes? — Santiago.

La Conception.

Rivières? — La Plata, à l'est.

Montagnes? — Les Cordillères.

Iles? — Falkland et autres sur la côte.

Voisins? — Au nord, le Brésil et le Pérou.

LEÇON XI.

Océanie.

En combien de contrées divise-t-on l'Océanie?
> En trois contrées.

Où sont placées ces contrées?
> Une dans l'hémisphère septentrional;
> Une sur l'équateur;
> Une dans l'hémisphère méridional.

Quelles sont ces contrées?
> Au nord, le Japon ou Océanie septentrionale.
> Au centre, l'Empire des îles ou Océanie équatoriale.
> Au sud, l'Australie ou Océanie méridionale.

LEÇON XII.

Division et Limites des contrées de l'Océanie.

I. — CONTRÉES DU NORD.

LE JAPON, *capitale* YÉDO.

Limites? — Les eaux du Grand-Océan, sur les frontières de
la Chine-Nord.

Pays compris? — Plusieurs îles dont les principales sont :
>Niphon, la plus grande.
>Sikokf.
>Kiusin.
>Karakaï.

Villes? — Yédo.
>Nuaco.
>Nangasaki.

Rivières? — Quelques rivières dans l'intérieur des îles.

Montagnes? — Pays accidenté.

II. — CONTRÉES DU CENTRE.

Océanie équatoriale, *capitale* Batavia.

Limites? — Groupes d'îles situées près de l'équateur entre l'Asie et l'Amérique au nord de la Zélande et de l'Australie.

Pays compris? — Sumatra.
>Java.
>Bornéo.
>Guinée.
>Nouvelle-Calédonie,
>Luçon.
>Mindanao.
>Iles Moluques.
>Iles Célèbes.

Villes ? —Batavia.

Bornéo.

Manille.

Mindanao.

III. — CONTRÉES DU SUD.

Océanie méridionale, *capitale* Sidney.

Pays compris ? — Tout le continent de la Nlle-Hollande.

la Nouvelle-Zélande.

la Tasmanie,

Contrées de la Nouvelle-Hollande.

Terre de Diémen.

de Wigts.

de Wit.

d'Arnhein.

Nouvelle-Galles.

Villes ? — Melbourne.

Adélaïde.

Perth.

Geélong.

Rivière ? — Murray.

LEÇON XIII.

Comment sont distribuées les îles répandues dans l'Océan et les mers ?

Règle générale : En dehors des îles de l'Océanie, les îles appartiendront aux pays qu'elles avoisinent davantage.

D'après cette règle :
Chypre est à la Syrie,
Candie, à la Grèce;
La Sardaigne et la Corse, à l'Italie;
Guernesey et Jersey, à la France;
L'Islande, à l'Angleterre;
Les îles Baléares, à l'Espagne;
La Nouvelle-Zemble, à la Russie-nord;
Formose, à la Chine-sud;
Haïnan, à l'Indo-Chine;
Ceylan, à l'Indoustan;
Malte et les Canaries, à l'Afrique propre;
Les îles du cap Vert, à la Guinée-nord;
L'archipel Merghi, à l'Indo-Chine;
Périm, à l'Egypte;
Les îles Schetland, Falkland, à l'empire du Sud américain.

Pourquoi n'avoir pas donné plus de détails sur les peuples, leurs religions, leur population, leurs mœurs?

Car c'est un travail de statistique qui se rapporte à la politique intérieure plus qu'à la politique extérieure ou géographie générale dont s'occupe uniquement cet Essai.

LEÇON XIV.

Rome et Jérusalem.

Cette grande division des peuples comprend donc toutes les contrées de la terre, les continents et les îles ?

Oui, excepté deux villes qui doivent rester villes libres, car ce sont deux villes saintes, Rome et Jérusalem.

Que deviendront ces deux villes ?

Elles composeront, avec la Terre-Sainte et le patrimoine de Saint-Pierre, les États de l'Église sous le gouvernement du Pape.

Comment serviront-elles la chrétienté ?

En devenant, l'une, le rendez-vous des évêques, le lieu normal des conciles œcuméniques ; l'autre, le rendez-vous des États, le lieu naturel des congrès universels.

Toutes deux, placées aux extrémités du Bassin de la Méditerranée, paraissent assez centrales pour réaliser ce double but.

En outre, le voisinage du Calvaire à Jérusalem ne peut que donner de bonnes inspirations aux diplomates. Et les souvenirs de Saint-Pierre et de Saint-Paul à Rome parlent éloquemment aux évêques.

Ne faudrait-il pas à Jérusalem un monument qui fasse le pendant de Saint-Pierre de Rome ?

Oui, sur le Mont-Morhia, à la place de la Mosquée et sur le lieu qu'occupait le temple de Salomon, il faut bâtir un temple à la gloire de Dieu le Père, dont le culte dans l'avenir doit occuper une place plus grande dans la liturgie catholique.

Cette politique générale qui donne la paix au monde au

nom des principes religieux et favorise les intérêts catholiques, les autres religions positives ne seraient-elles pas en droit d'en revendiquer le patronage ?

Elles le peuvent, voilà pourquoi la grande lutte de l'avenir doit être une lutte pacifique, une lutte religieuse, où les sacerdoces feront rivalité de science et de vertu pour emporter l'assentiment et mériter les hommages de l'humanité.

Si ce programme se réalisait, ne faudrait-il pas universaliser le calendrier catholique et grouper les événements de l'histoire du monde autour du Souverain Pontife régnant?

Oui, cette double conséquence ressortirait de la réalisation de ce programme, et ainsi seraient accomplies les prophéties bibliques et évangéliques qui annoncent qu'un jour il n'y aura qu'un troupeau et un pasteur.

Quels avantages retirerait la politique de la réalisation de ce programme?

Ce programme rendrait la vie à la politique en arrachant le monde aux étreintes du socialisme et aux rêves d'une république ou d'une monarchie universelle.

LEÇON DERNIÈRE

ou

Conclusions.

Quels sont les peuples qui semblent devoir s'opposer à la réalisation de ce programme?

Aucuns, tous les peuples d'Océanie, d'Afrique et d'Amérique y trouvent leurs intérêts.

En Asie, la Chine et la Turquie ne peuvent faire d'opposition sérieuse qu'à Constantinople et à Pékin; car le Tibet, la Chine-sud qui relèvent de Pékin; l'Afrique, l'Egypte et la Syrie qui relèvent de Constantinople sont favorisés par ce programme.

Il leur rend la liberté et leur ancienne autonomie.

En Europe, on peut dire la même chose de la Russie : Saint-Pétersbourg seule peut se considérer lésée par la division de l'empire Russe en trois parties.

La Sibérie sera heureuse de prendre rang parmi les nations et de cesser sa mission barbare.

Moscou et les peuples du sud verront avec bonheur se briser les chaînes qui les rivent à la Scandinavie.

Enfin l'Angleterre ne fait aucune perte sérieuse.

Cette distribution des contrées de la terre est donc faite avec impartialité?

Oui, l'auteur, quelle que fût sa patrie, inspiré par les mêmes principes, les aurait appliqués de la même façon.

La Chine et la Russie qui semblent les moins favorisées peuvent cependant considérer ce partage à des points de vue qui les favorisent.

Il crée trois trônes à la cour de Russie ; Saint-Pétersbourg, Moscou, Irkoust ; et trois à la cour de Pékin : Pékin, Nankin, Moukden.

Ces pays, perdant de leur étendue, ne perdront rien de leur force et gagneront en population.

D'ailleurs la Russie et la Chine qui se prétendent à la tête de la civilisation comprendront que les intérêts des peuples priment les intérêts des rois.

Pour l'Angleterre, nous ne disons pas qu'elle rendra demain la liberté au Cap, aux Indes et au Canada.

Elle les préparera de loin à passer d'une domination relative à l'indépendance absolue. Nous la croyons assez généreuse pour vouloir, comme la Grèce de Périclès, la liberté chez les autres comme chez elle. Elle a d'ailleurs assez de grandeur et de puissance pour se suffire à elle-même. Elle garde avec ses trois couronnes l'empire des mers.

L'Océan, restant libre, appartient au plus habile navigateur.

La Turquie ne peut se survivre que par le démembrement que nous avons indiqué. Elle est cet arbre qu'il faut tailler au vif pour le rajeunir.

Mais pourquoi lui enlever la Syrie ?

La Syrie, il est vrai, est moins un peuple que le composé de mille peuples divers ; mais l'œuvre des écoles d'Orient, qui y fleurit, fera de ce grand pays un peuple profondément chrétien, voisin et ami de la Terre-Sainte.

Pourrait-on rendre raison de la distribution des peuples faite dans ce programme ?

Oui, mais notre cadre ne nous permet point d'exposer ici tous les motifs qui nous ont déterminé dans le tracé de ce programme.

On pourrait demander peut-être pourquoi la grande chaîne

de montagnes qui, partant du nord de l'Oural, traverse l'Europe en se dirigeant vers le sud-ouest de l'Espagne, ne fait point deux Polognes comme elle fait deux Russies et deux Allemagnes?

Pour la même raison qu'elle ne fait point deux France et deux Espagne. Les eaux du Dniester et de la Vistule sont sœurs comme celle du Rhône et de la Loire et non point celles du Danube et de l'Elbe, moins encore celles du Don et de la Néva.

On pourrait objecter à ce programme des divisions de peuples qui sont plus arbitraires que fondées en raison.

Le partage de la Hongrie et de l'Arabie, l'abandon de la Bohême et autres peuples de race slave prouvent que le principe des nationalités n'est pas gardé?

Il est mieux gardé qu'on ne pense si l'on tient compte et du temps et des lieux, car à travers les siècles sur un même sol plusieurs nations ont successivement végété et y ont laissé, avec leurs ossements, leurs mœurs, leur esprit et leurs lois.

D'ailleurs, nous l'avons dit, il faut entendre dans le sens moral et relatif l'application du double principe des nationalités et des limites naturelles; car nous voulions les harmoniser avec l'intérêt général et les intérêts catholiques.

Avouons ici que l'équilibre universel est le but que nous poursuivons avant tout.

Les limites naturelles et les nationalités sont des moyens qui se modifient avec des tempéraments et des mesures que le but justifie.

Nous cherchons avant tout la liberté des peuples et la paix. D'ailleurs Dieu lui-même, l'histoire le prouve, semble n'avoir point voulu que la fraternité du sang l'emportât sur la fraternité religieuse, sur la fraternité dans la foi, dans le Christ;

voilà pourquoi partout se retrouvent toutes les races juxta-
posées, mêlées ou superposées. A part le cœur des nations
qui se caractérise davantage, les frontières surtout sont
comme les eaux de l'Océan quand elles se mêlent à celles
d'un grand fleuve, les nuances sont indécises et flottantes.

Ne semble-t-il pas qu'après avoir invoqué le principe des
nationalités on le foule aux pieds dans les petits États?

Non, car un petit État fut membre d'un plus grand ; c'est
un membre séparé que nous voulons rejoindre à son chef ;
telle la Suisse allemande et française. D'ailleurs dans cette
délimitation des peuples, nous ne faisons point de politique
intérieure. Les peuples compris dans les limites que nous
traçons pourront se grouper d'après l'union américaine, ou
imiter l'unification française ou bien le système de décen-
tralisation autrichienne qui laisse aux peuples leur caractère
personnel. La Suisse sera dans l'Autriche ce qu'est un canton
dans le gouvernement fédéral.

C'est agrandir son action sans amoindrir sa liberté et sans
nuire à sa vitalité. Nous n'étouffons pas le cœur de la Suisse,
nous le faisons battre dans un plus grand corps. Nous pou-
vons dire la même chose des États qui paraissent sacrifiés,
tels, l'Irlande, le Portugal, la Belgique, la Hollande.

L'unique moyen pour ces petits États de compter dans la
grande famille humaine, c'est de se rattacher à un chef plus
puissant qu'eux.

Pourquoi les empires sont-ils plus grands en Asie qu'en
Europe?

La Providence et la nature l'ont voulu, c'est la variété dans
l'unité : d'ailleurs grandeur ne signifie pas toujours force pas
plus pour un État que pour un homme. David tua Goliath ;
la Suisse s'est maintenue libre malgré les efforts de l'Autriche

et de l'Allemagne. Plus un État est grand, plus il a de frontières à garder et de dépenses à faire pour s'administrer et se
développer.

La question de la population doit aussi compter pour quelque chose dans la division des peuples.

Ainsi quoique l'Australie soit trois fois grande comme l'Indoustan anglais, elle ne fait qu'un peuple, car elle est moins
peuplée.

Si dans l'avenir les contrées qui sont plus grandes prenaient
un accroissement de population proportionné à leur grandeur,
rien n'empêcherait de diviser ces contrées. Ce programme,
dans son application, n'a rien d'absolu, de définitif.

Quelle est donc cette main puissante qui divise la terre,
partage le monde et distribue les peuples sur la surface du
globe ?

C'est la main de la Providence, main rendue visible dans
l'ordre physique et les souvenirs historiques.

Nous ne sommes que le crayon qui trace sur le papier les
lignes que la Providence a écrites sur la terre avec les eaux de
l'océan, avec les fleuves, les montagnes, avec des flots de sang
ou d'amour.

Si notre crayon n'a pas été bien conduit, qu'un autre le ra-
masse pourvu qu'il accepte comme nous les principes religieux
et s'inspire de l'intérêt général, des intérêts de chaque peuple
et des intérêts catholiques ; pourvu que son cœur soit ému
comme le nôtre par l'amour de la paix et de la liberté.

Ce programme semble venir trop tôt, rien n'en prépare la
solution ?

On répondra à cette objection dans l'introduction à la vie de
Saint Paul. Nous ne disons pas qu'il sera réalisé demain, mais
demain on peut tendre à sa réalisation, et le prendre comme

but d'une politique sincèrement et véritablement religieuse.
Nous traçons la route que doit suivre l'humanité : avant d'arriver au terme, il importe de commencer le premier pas Il faut que les peuples puissants par leur initiative déterminent leurs frères par de généreux et éclatants exemples.

Ce partage peut-il se faire maintenant, tous les peuples sont-ils assez mûrs pour être libres ?

Non, les mères-Patries devront encore protéger, éclairer longtemps certains peuples arriérés qui ne pourraient porter de suite le poids de la liberté.

Elles devront faire leur éducation politico-sociale, les rendre le plus vite possible capables de compter dans la grande confédération catholique.

De même que dans une famille on voit les aînés conduire et éclairer les plus jeunes jusqu'à ce qu'ils aient atteint l'âge viril, ainsi doit-il en être parmi les peuples qui sont tous frères.

Ce programme procurera-t-il la paix et la liberté au monde s'il se réalise ?

Si ce programme géographique se réalise, les peuples seront satisfaits et la liberté défiera à jamais le despotisme.

Nous sommes certains en traçant ce programme d'avoir fait œuvre de justice, d'humanité, de religion. Notre maître a dit : Je ne veux la mort d'aucun homme ; nous, d'aucun peuple.

Qu'ils grandissent tous et se fortifient dans la virilité de la foi et de l'amour ; qu'ils se développent et croissent dans les sciences, les arts et l'industrie ; qu'ils multiplient leurs produits et leurs relations par l'agriculture et le commerce.

Plus ils seront puissants sur terre et sur mer, plus la république chrétienne sera florissante. Plus les enfants grandissent, plus la famille est prospère. Plus de vieilles rancunes, plus de jalousies meurtrières, plus d'hécatombes humaines, plus d'invasions dévastatrices; la paix et la communion des peuples dans la charité chrétienne et la loi évangélique.

Ce programme est-il une œuvre de progrès?

Dans l'introduction de la vie de Saint Paul nous exposons la grande théorie du progrès religieux; ce programme s'y rattache, car nous croyons qu'il n'est que le terme idéal du progrès politique.

Ce programme a-t-il l'avantage de l'actualité, est-il des questions vivantes qu'il éclaire et résolve?

S'il se réalise, il résoudra par là même à l'avantage de la paix et au nom de l'équité les trois grandes questions qui préoccupent le présent et assombrissent l'avenir :

La question d'Orient,
La question slave,
La question romaine.

Nous dirons aussi dans la vie de saint Paul comment ce programme s'harmonise avec les prédictions des livres saints, surtout avec les prédictions de saint Jean dans l'Apocalypse. Les âmes généreuses, mais séduites, qui rêvent une république ou une monarchie universelle trouvent dans la réalisation de ce programme un idéal qui doit les satisfaire si elles sont sincères; et tous ceux qui se plaignent de voir les armées permanentes dévorer la substance des Etats seront heureux de voir se réaliser un programme qui forcera tous les peuples dans l'intérêt commun à mettre bas les armes.

La réalisation de ce programme est-elle facile?

Non, il a contre lui de vieux et profonds préjugés; préjugés religieux, nationaux, préjugés politiques, préjugés de races. De grands intérêts le combattent; intérêts personnels, intérêts de famille.

Mais quelque difficile qu'elle soit, sa réalisation n'est pas impossible.

Ce programme a pour lui les peuples dont le bon sens est grand et la volonté puissante quand il s'agit de leurs propres intérêts. Il a pour lui les peuples chevaleresques qui volontiers se dévouent à une idée quand cette idée représente le progrès et les intérêts de l'humanité.

Il a pour lui les âmes honnêtes, libérales, sincères, très-nombreuses dans le monde, qui cherchent le vrai, aiment le bien, et se plaisent à subordonner leurs intérêts personnels à l'intérêt public.

Ce programme a pour lui le temps qui d'une main détruit le passé, de l'autre, édifie l'avenir.

Il a enfin pour lui celui qui ne connaît pas de résistance.

Dans la sincérité de notre âme, nous croyons que Dieu le veut, et que cette *Petite Géographie de l'avenir* peut être baptisée du titre de politique sacrée ou géographie catholique.

Un ministre du Dieu de la paix au roi de Prusse :
Il vaut mieux proposer qu'imposer des utopies.

Utopie pour utopie, quand on se sent assez fort pour en imposer une, il faut choisir celle qui fait les intérêts de tous.

Français et Allemands, serrons-nous donc la main sur les rives du Rhin ; unissons-nous pour assurer le triomphe du *règne* de l'idée sur le règne de la force.

PARIS. — IMP. VICTOR GOUPY, RUE GARANCIÈRE, 5.

EN VENTE A LA MÊME LIBRAIRIE

L'ATHÉISME RÉFUTÉ PAR LA SCIENCE

Par GENTILI. 1 beau vol. in-12.   3 fr.

A TRAVERS LA SCIENCE

Album d'enseignement universel, à l'usage de la jeunesse des deux sexes et des gens du monde, par M. MARTIN DOISY. 1 vol. in-12.   2 fr.

LE POLE ET L'ÉQUATEUR

Études sur les dernières explorations du globe. — Le pôle Nord. Le passage du Nord-Ouest et la mer libre. Cartes des dernières découvertes arctiques. — Météorologie. L'atmosphère : Théorie des vents, avec carte. — L'Océan : ses Courants et ses Mystères. — L'Afrique intérieure. Dernières découvertes. Les Races et les Langues de l'Afrique, et l'Unité de l'espèce humaine, par Lucien DUBOIS, membre des Sociétés géographiques de Paris et de Berlin. 1 vol. in-18 anglais. 2ᵉ édition.   3 fr. 50

DE LA PUISSANCE COMMERCIALE ET MARITIME DE LA FRANCE

Par Joseph THOMASSY, capitaine de frégate en retraite. 1 vol. in-8.   4 fr.

SOUVENIRS DE MA JEUNESSE

Par le P. GRATRY. Première partie : L'Enfance. — Le Collége. — L'École polytechnique, Strasbourg et le Sacerdoce. 1 vol. in-8.   3 fr.

OEUVRES POSTHUMES

Méditations inédites, par le P. GRATRY. 1 vol. in-18.   4 fr.

GUERRE DE LA PRUSSE CONTRE L'ÉGLISE CATHOLIQUE

Avec la complicité et pour le malheur de la France dans le passé et le présent, par Timothée FRANCŒUR. 1 fort vol. in-12.   5 fr.

LE PROPHÈTE ISAIE

Traduit en vers français, par P. SOULLIÉ, docteur ès lettres, professeur agrégé de l'Université ; avec la collaboration de feu M. LEGEARD DE LA DIRIAYS. chanoine et ancien curé de la Trinité d'Angers. 1 vol. in-8.   5 fr.

JÉSUS-CHRIST DANS L'EUCHARISTIE

1 vol. in-18.   1 fr. 50

VIE ADMIRABLE DU BIENHEUREUX MENDIANT ET PÈLERIN BENOIST-JOSEPH LABRE

Par Léon AUBINEAU. 1 vol. in-12.   3 fr. 50

PARAY-LE-MONIAL ET SON MONASTÈRE DE LA VISITATION

La bienheureuse Marguerite-Marie et le Sacré-Cœur, par Léon AUBINEAU. in-18.   60 c.

L'ENFANT CHRÉTIEN

Par M. l'abbé DELMAS, curé. Édition pour les jeunes filles. 1 vol. in-12.   3 fr.
— LE MÊME. Édition pour les jeunes garçons. In-12.   3 fr.

LA DIVINITÉ DU CHRIST DANS L'HISTOIRE DES ORIGINES CHRÉTIENNES

Ou réfutation des divers systèmes de l'incrédulité moderne par le simple exposé des faits, par l'abbé LE BRET, curé de Vaubadon (diocèse de Bayeux). 2 vol. in-8.   10 fr.

RÉFLEXIONS ET PRIÈRES POUR LA SAINTE COMMUNION

2 vol. in-18.   6 fr. 50

Chaque volume se vend séparément 3 fr. 25.

ENTRETIENS AVEC NOTRE-SEIGNEUR

Pour les jours de communion, à l'usage des associés de la Communion réparatrice, par le même auteur. In-18.   1 fr. 50

PARIS. — IMP. VICTOR GOUPY, RUE GARANCIÈRE, 5.